NATIONAL GEOGRAPHIC
School Publishing

Civilizaciones antiguas

Tom Fuller

PICTURE CREDITS

Cover, 1, 5 (above), 9, 10, 11 (above), 12 (left), 12 (right), 16, 20 (right above), 21 (above), Photolibrary.com; 2, 4 (right), 5 (left below), 5 (right below), 8 (left), 11 (below), 13, 15 (above), 17 (right), 18, 19 (above), 19 (below), 20 (right below), 21 (below), APL/Corbis; 4 (left), 14, 15 (below) Getty Images; Map created by Equator Graphics for National Geographic's Map Essentials program; 8 (right), David Hilbert/Alamy; 17 (left), Ace Stock Limited /Alamy; 20 (left), Robert Harding Picture Library Ltd/Alamy.

Produced through the worldwide resources of the National Geographic Society, John M. Fahey, Jr., President and Chief Executive Officer; Gilbert M. Grosvenor, Chairman of the Board.

PREPARED BY NATIONAL GEOGRAPHIC SCHOOL PUBLISHING

Steve Mico, Executive Vice President and Publisher, Children's Books and Education Publishing Group; Marianne Hiland, Editor in Chief; Lynnette Brent, Executive Editor; Michael Murphy and Barbara Wood, Senior Editors; Nicole Rouse, Editor; Bea Jackson, Design Director; David Dumo, Art Director; Shanin Glenn, Designer; Margaret Sidlosky, Illustrations Director; Matt Wascavage, Manager of Publishing Services; Sean Philpotts, Production Manager.

SPANISH LANGUAGE VERSION PREPARED BY NATIONAL GEOGRAPHIC SCHOOL PUBLISHING GROUP

Sheron Long, CEO; Sam Gesumaria, President; Fran Downey, Vice President and Publisher; Margaret Sidlosky, Director of Design and Illustrations; Paul Osborn, Senior Editor; Sean Philpotts, Project Manager; Lisa Pergolizzi, Production Manager.

MANUFACTURING AND QUALITY MANAGEMENT

Christopher A. Liedel, Chief Financial Officer; George Bounelis, Vice President; Clifton M. Brown III, Director.

BOOK DEVELOPMENT

Ibis for Kids Australia Pty Limited.

SPANISH LANGUAGE TRANSLATION

Tatiana Acosta/Guillermo Gutiérrez

SPANISH LANGUAGE BOOK DEVELOPMENT

Navta Associates, Inc.

Published by the National Geographic Society
Washington, D.C. 20036-4688

ISBN: 978-0-7362-3874-8

Printed in Canada

12 11 10 09 08

10 9 8 7 6 5 4 3 2

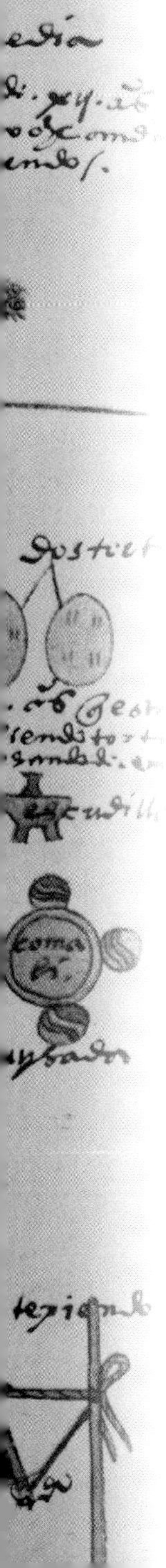

Contenido

Pensar y conversar 4

Civilizaciones del pasado 6

El estudio del pasado 8

Edificios y estructuras 10

Arte y artesanía 14

Imágenes de la antigüedad 16

Herramientas y tecnología 18

Usar lo que aprendieron 20

Glosario 22

Índice 24

Pensar y conversar

Todas estas personas están interesadas en las civilizaciones antiguas. ¿Qué pueden averiguar sobre la vida en el pasado?

Civilizaciones del pasado

Las **civilizaciones antiguas** existieron hace miles de años. Esos pueblos levantaron ciudades y desarrollaron muchas **tecnologías** diferentes. Podemos encontrar **restos** de estas civilizaciones en muchas partes del mundo.

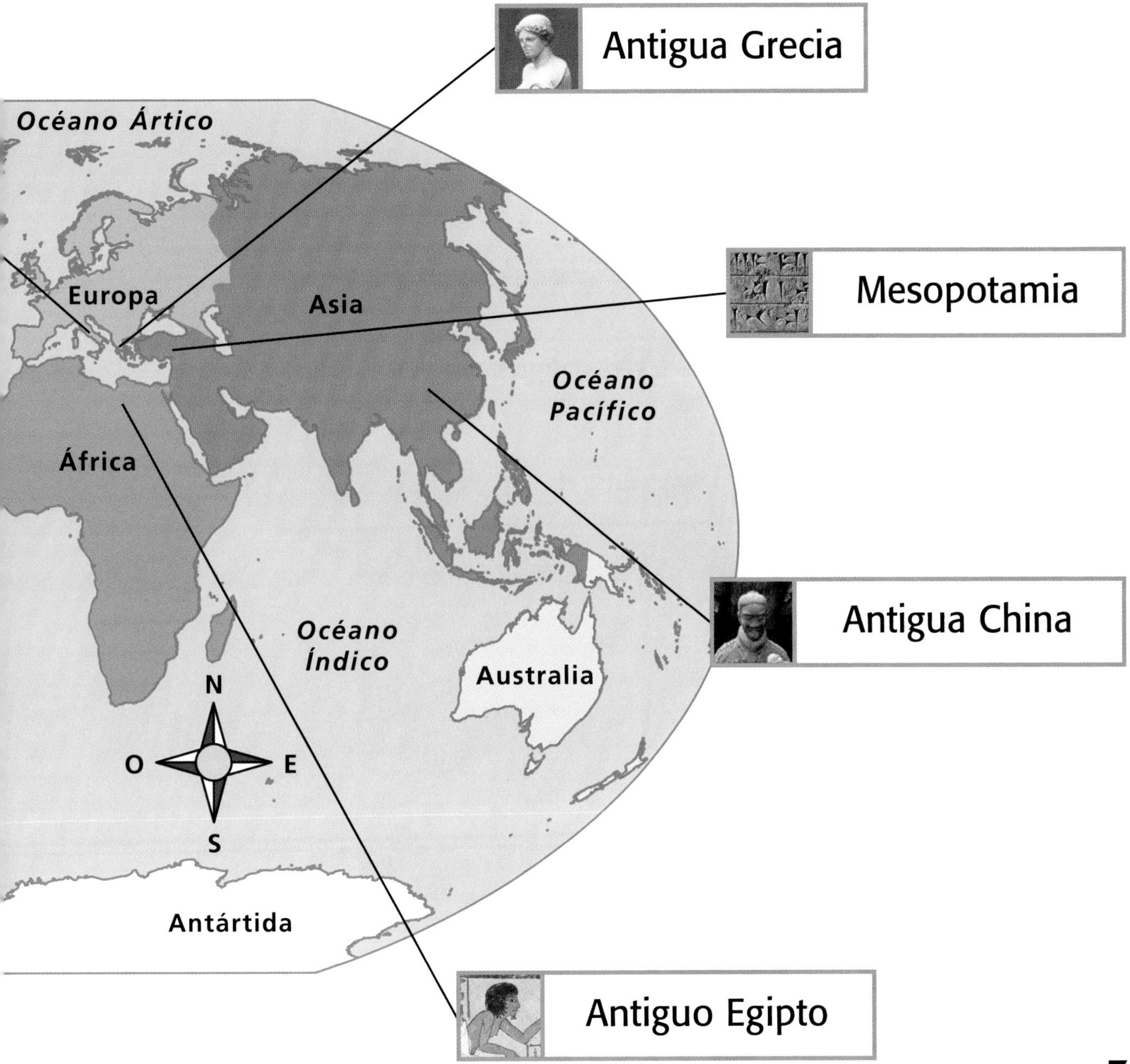
Antigua Grecia
Mesopotamia
Antigua China
Antiguo Egipto
Océano Ártico
Europa
Asia
África
Océano Pacífico
Océano Índico
Australia
Antártida
N
O
E
S

El estudio del pasado

Los **arqueólogos** son científicos que nos ayudan a entender la **historia** y la **cultura** de antiguas civilizaciones. Para ello, estudian las edificaciones y los objetos que nos dejaron estas civilizaciones.

Estos arqueólogos están estudiando antiguas estatuas de guerreros chinos. Las estatuas fueron encontradas en la tumba de un emperador.

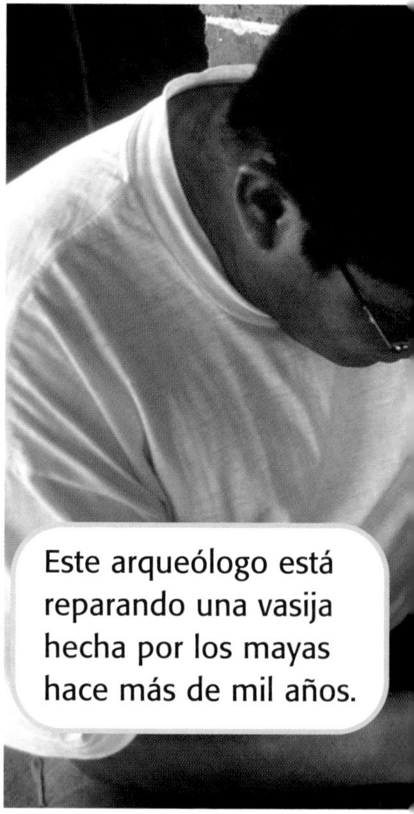

Este arqueólogo está reparando una vasija hecha por los mayas hace más de mil años.

Estos arqueólogos están excavando construcciones y objetos de la civilización inca.

Edificios y estructuras

Todavía existen restos de algunos edificios de antiguas civilizaciones. Algunos eran lugares donde la gente vivía y trabajaba. Otros eran edificios con propósitos especiales.

Machu Picchu era una ciudad inca construida en las montañas de Perú.

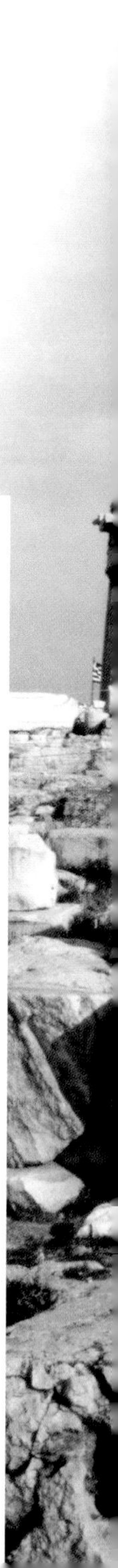

El Partenón de Atenas fue construido por los antiguos griegos. Allí se celebraba el culto a la diosa Atenea.

Estas ruinas mesopotámicas están en la antigua ciudad de Hatra, en Irak.

Los pueblos de la antigüedad también construyeron **pirámides,** carreteras y otras estructuras.

Estas pirámides fueron construidas por los antiguos egipcios. Las pirámides eran tumbas de faraones.

La Gran Muralla fue construida por los antiguos chinos para protegerse de los invasores.

Los antiguos romanos construyeron carreteras por todo el imperio para facilitar el comercio y los viajes.

Arte y artesanía

El arte y la artesanía eran muy importantes para las civilizaciones antiguas. Algunos objetos se usaban como decoración. Otros se hacían para un uso diario. Otros tenían un propósito especial.

Estas vasijas y cuencos mayas se utilizaban para preparar alimentos, almacenarlos y comerlos.

Esta máscara azteca se usaba, probablemente, en ceremonias y celebraciones.

Esta pieza de joyería del antiguo Egipto fue encontrada en la tumba del faraón Tutanjamon.

Imágenes de la antigüedad

A veces, los pueblos de la antigüedad creaban imágenes de su civilización. Esas imágenes nos ayudan a saber cómo vestían, trabajaban y vivían.

Este mosaico muestra cómo vestían los antiguos romanos. También nos enseña que les gustaba leer, escribir y el teatro.

Los Juegos Olímpicos se iniciaron en la antigua Grecia. Este jarrón está decorado con imágenes de luchadores.

Estas ilustraciones aztecas muestran escenas de trabajo. También nos revelan cómo vestían y llevaban el pelo los aztecas.

Herramientas y tecnología

Los pueblos de la antigüedad inventaron y utilizaron un gran número de herramientas. Muchas de las tecnologías actuales fueron desarrolladas por primera vez por antiguas civilizaciones.

Esta pintura del antiguo Egipto revela el uso de arados en la agricultura. La invención del arado hizo posible cultivar más alimentos.

La brújula fue inventada en la antigua China. Este instrumento permitía encontrar los puntos cardinales: norte, sur, este y oeste.

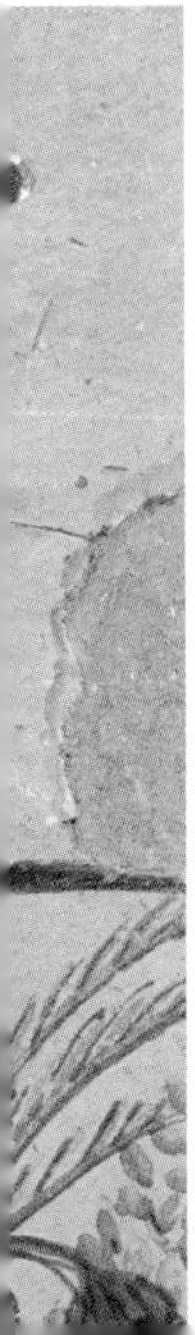

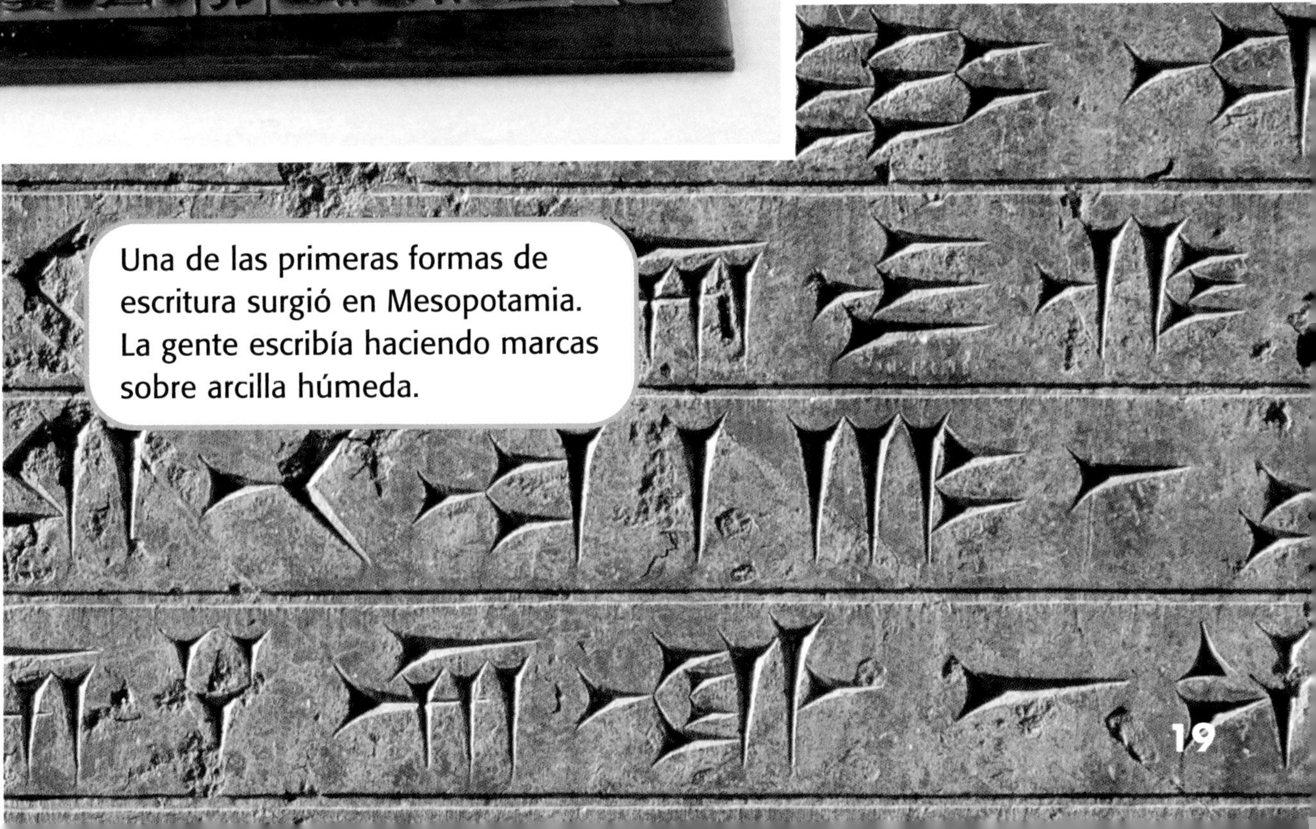

Una de las primeras formas de escritura surgió en Mesopotamia. La gente escribía haciendo marcas sobre arcilla húmeda.

Usar lo que aprendieron

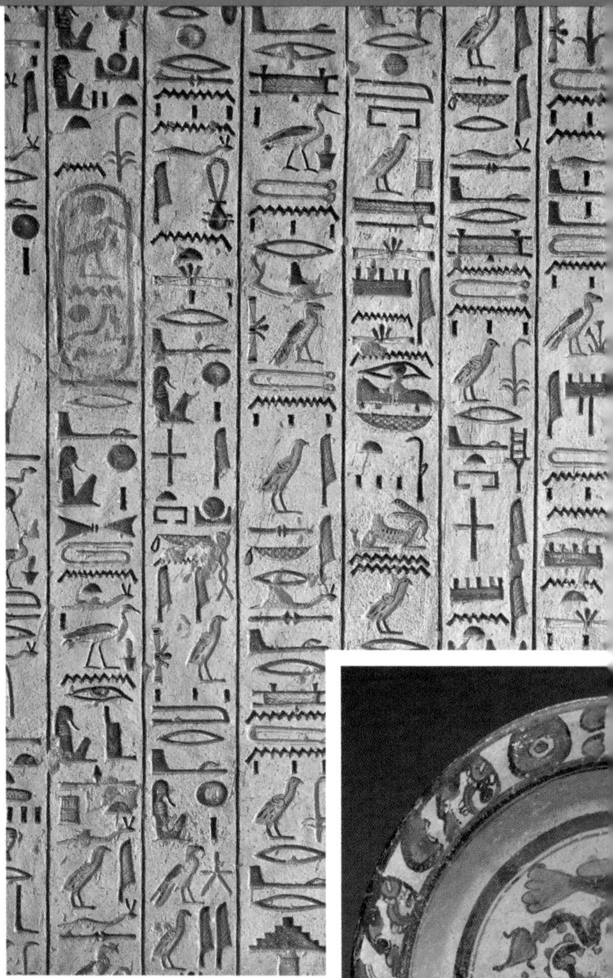

¿En qué se parecen estas cosas de antiguas civilizaciones a las que tenemos hoy en día? ¿En qué se diferencian?

antiguas

arqueólogos

civilización

cultura

historia

pirámide

tecnología

Glosario

CONCEPTO CLAVE

antiguo (página 6)
De hace mucho tiempo
La Gran Muralla se construyó como protección en la antigua China.

CONCEPTO CLAVE

arqueólogos (página 8)
Personas que estudian construcciones y objetos del pasado
Los arqueólogos excavan objetos antiguos y los examinan.

CONCEPTO CLAVE

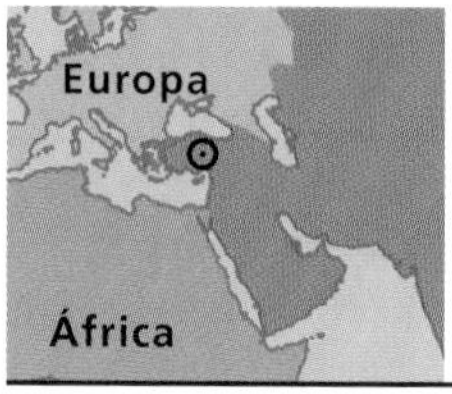

civilización (página 6)
Sociedad muy desarrollada y organizada
La civilización de Mesopotamia fue una de las primeras del mundo.

CONCEPTO CLAVE

cultura (página 8)
Arte, ideas y tradiciones de una nación o de un pueblo
La lectura, la escritura y el teatro eran muy importantes en la cultura de la antigua Roma.

CONCEPTO CLAVE

historia (página 8)
Sucesos que ocurrieron en el pasado
Muchas personas visitan Grecia para conocer la historia del Partenón.

CONCEPTO CLAVE

pirámide (página 12)
Estructura con base plana y lados triangulares que se encuentran formando una punta
Los faraones y sus tesoros eran enterrados en pirámides.

restos (página 6)
Construcciones u objetos que han sido abandonados
Hoy todavía se encuentran restos de edificios construidos por los incas.

CONCEPTO CLAVE

tecnología (página 6)
Inventos que se usan en la vida diaria
La tecnología del arado hizo posible que se cultivaran más alimentos.

Índice

aztecas	6, 15, 17
chinos	7, 8, 13, 19
egipcios	7, 12, 15, 18
griegos	7, 11, 17
incas	6, 9, 10
mayas	6, 8, 14
mesopotámicos	7, 11, 19
romanos	6, 13, 16